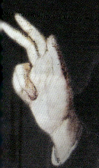

Ven. P. Ioseph de Anch[...]
Brasiliae Apostol[...]
Novi Orbis
thaumaturgu[...]

Evangelização

A atuação de José de Anchieta no Brasil foi impressionante. Não se limitou a educar e catequizar os indígenas, mas também os defendeu dos colonizadores portugueses, que queriam escravizá-los.

O método utilizado na catequização dos índios incluía dramaturgia e poesia, de modo a facilitar o aprendizado e a memorização, além de buscar analogias entre as representações do bem e do mal existentes no universo indígena e as presentes no Evangelho. As dificuldades linguísticas foram vencidas por seu carisma e, principalmente, pela sistematização gramatical do tupi-guarani, que resultou no livro *Arte de gramática da língua mais usada na costa do Brasil*, publicado em Coimbra em 1595.

Além disso, intermediou vários conflitos, mas sua participação na Confederação dos Tamoios, com Pe. Manuel da Nóbrega, foi uma das mais célebres. Ofereceu-se para ficar como refém dos índios Tamoios, em Iperoig (atual Ubatuba), enquanto Pe. Manuel da Nóbrega concluía as negociações de paz entre indígenas e portugueses.

Andréia Schweitzer
Marina Mendonça

SÃO JOSÉ DE ANCHIETA

Apóstolo do Brasil

Breve biografia

José de Anchieta nasceu em 19 de março de 1534, na Ilha de Tenerife, localizada no Arquipélago das Canárias (Espanha).

Aos 14 anos, foi estudar em Coimbra, Portugal. Em 1º de maio de 1551, ingressou como noviço na Companhia de Jesus. Em 13 de julho de 1553, aportou no Brasil recém-descoberto para ajudar na evangelização. Passou três meses em Salvador e logo partiu para a Capitania de São Vicente.

Participou da fundação do Colégio de São Paulo, embrião da cidade de São Paulo, em 25 de janeiro de 1554. Desenvolveu intensa atividade evangelizadora. Viajou muito, escreveu inúmeras obras, voltadas para a catequese e também homilias e poemas. Em 1577, foi nomeado provincial dos Jesuítas no Brasil, função que exerceu até 1587.

Cansado e doente, retirou-se para Vitória, no Espírito Santo. Ainda foi diretor do colégio jesuíta que havia ali. Apenas em 1595 parou definitivamente de exercer suas atividades. Faleceu em 9 de junho de 1597 e foi sepultado em Vitória.

Seu túmulo simbólico está localizado no Palácio Anchieta, construído pelos Jesuítas no século XVI. Seu corpo se perdeu no mar, quando o navio que transportava seus restos mortais para Portugal naufragou.

ARTE DE GRAMMATICA DA LINGOA
mais vsada na costa do Brasil.

Feyta pelo padre Ioseph de Anchieta da Cõpanhia de
IESV.

Com licença do Ordinario & do Preposito geral
da Companhia de IESV.
Em Coimbra per Antonio de Mariz. 1595.

Poema da Virgem

O longo *Poema da Virgem* foi composto durante o período em que José de Anchieta ficou prisioneiro dos Tamoios, em Iperoig, por cerca de cinco meses. Segundo a tradição, teria sido escrito nas areias da praia e posteriormente transcrito em papel, quando ele já se encontrava a salvo. Na dedicatória, que então incluiu, José de Anchieta explica que cumpre assim a promessa feita a Maria: "Eis os versos que outrora, ó Mãe Santíssima, te prometi em voto, vendo-me cercado de ferozes inimigos".

O poema narra a vida de Maria, mãe de Jesus, e é inspirado no Cântico de Isaías 52. Pode ser dividido em cinco livros ou cantos: a infância de Maria, a encarnação do Verbo, a natividade de Jesus, a paixão e a glória do Filho e da Mãe. É uma longa meditação sobre os principais passos da vida de Maria.

O excerto a seguir, transcrito do livro *O poema de Anchieta sobre a Virgem Maria Mãe de Deus* (São Paulo: Paulinas, 5. ed. 1996), alude à beleza, força e glória da Virgem.

Salve, ó Maria! Adorna-te beleza tão divina
que teu esplendor sobrepuja o dos coros angélicos.
Salve, ó Maria! Teu humano semblante é tão nobre
que tua formosura vence todas as belezas terrenas.
Tu hás de restaurar o firmamento,
restituindo aos céus a primeira firmeza.
Apoiada na força invencível de teu Filho,
repararás, com a nossa gente, a ruína dos anjos.
Teu seio virginal nos dará o Filho de Deus,
única salvação do mundo derrocado.
Salve, ó mulher forte, que, após tantos séculos,
foste, enfim, encontrada.
Salve, sim, ó mulher forte!
Ó cidade, monumento trabalhoso
do braço do Senhor!
Casa, que hás de hospedar teu próprio artífice!
Ó novo rebento,
dom precioso da divina destra,
bem merecido de Joaquim e Ana!
Nasces, ó Virgem, de sangue ilustre de ilustres reis,
mas a natureza celeste supera em ti a humana.
Não és feliz por nasceres de estirpe régia
nem tua glória, ó Virgem, deriva de teus pais.
Eles é que são felizes, porque geraram uma tão grande filha:
de tua glória é que decorre sua glória.

Fundação do Colégio de São Paulo

São Paulo de Piratininga foi fundada em 25 de janeiro de 1554, com a construção do Colégio de São Paulo por doze padres Jesuítas, entre eles José de Anchieta e Manuel da Nóbrega.

A finalidade era evangelizar os índios que viviam na região do planalto, afastados do litoral. A data foi escolhida por ser a comemoração da conversão do Apóstolo São Paulo.

Sobre a fundação, disse José de Anchieta: "A 25 de janeiro do Ano do Senhor de 1554, celebramos, em paupérrima e estreitíssima casinha, a primeira missa, no dia da conversão do Apóstolo São Paulo, e, por isso, a ele dedicamos nossa casa!".

O povoamento da região do Pateo do Collegio começou efetivamente em 1560. Havia, então, 130 pessoas vivendo na região no primeiro ano.

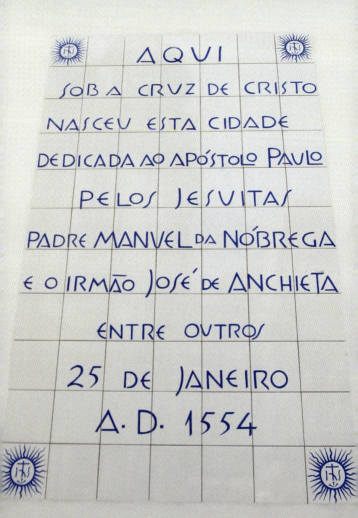

Sermão da Conversão de São Paulo

O famoso Sermão da Conversão de São Paulo foi proclamado por José de Anchieta a seus amigos e filhos espirituais, em 1568, com o objetivo de pregar contra a violência e incitá-los a seguir o exemplo de Cristo. O trecho a seguir é um dos mais contundentes sobre os males do pecado:

"Sabeis que coisa é a vida de um pecador? É um contínuo desafio que traz com Cristo, Nosso Senhor, a quem sempre anda desafiando e provocando que tome a espada da sua ira, e se meta em campo com ele. [...]

Pois, que esperas, pecador? Por que te arredas de Deus? Por que lhe pões diante este coração mais duro que a pedra e mais rijo que o escudo de aço, em que recebes todos estes golpes sem sentir nenhum? Deixa-te ferir de Cristo, que não fere senão para sarar; deixa-te derrubar dele, que não derruba senão para alevantar; deixa-te vencer dele, que não vence senão para coroar e fazer-te vencedor de teus inimigos".

Beatificação

O caminho de José de Anchieta até a santidade foi longo: mais de 400 anos! A campanha para a beatificação começou em 1617, na então Capitania da Bahia. Credita-se ao Marquês de Pombal e à perseguição por ele empreendida contra os Jesuítas a demora no trâmite.

Em 1622, vários depoimentos favoráveis foram dados por senhoras da sociedade. Uma delas, Leonor Leme disse: "Todos o tinham por santo publicamente".

Foi beatificado em 22 de junho de 1980, pelo Papa João Paulo II, que em sua homilia, disse:

"Incansável e genial missionário é José de Anchieta. Tendo ingressado na Companhia de Jesus, parte para o Brasil no ano de 1553, onde, na missão de Piratininga, empreende múltiplas atividades pastorais com o escopo de aproximar e ganhar para Cristo os índios das florestas virgens. A oração contínua, a mortificação constante, a caridade fervente, a bondade paternal, a união íntima com Deus, a devoção filial à Virgem Santíssima [...], por tudo isto ele bem mereceu o título de 'Apóstolo do Brasil'".

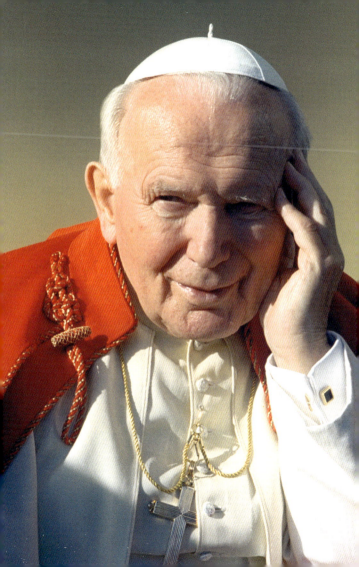

Canonização

A canonização ocorreu em 3 de abril de 2014. José de Anchieta foi canonizado por decreto do Papa Francisco, que dispensou a comprovação de milagres e reconheceu sua santidade no conjunto de sua vasta obra de evangelização e na grande devoção popular.

Disse o Papa Francisco, em sua homilia, durante missa solene de ação de graças pela canonização, ocorrida em 24 de abril:

"São José de Anchieta soube comunicar o que havia experimentado com o Senhor, o que havia visto e ouvido dele, o que o Senhor lhe comunicou em seus exercícios. Ele, junto com Pe. Manoel da Nóbrega, é o primeiro jesuíta que Inácio envia à América. Era tal a alegria que sentia, tal a felicidade, que fundou uma nação. Pôs os fundamentos culturais de uma nação em Jesus Cristo. Não havia estudado teologia. Não havia estudado filosofia. Era um menino! Mas havia sentido o olhar de Jesus Cristo e se deixou alegrar, e optou pela luz. Essa foi e é sua santidade. Não teve medo da alegria".

Relíquias

No Pateo do Collegio, no centro da cidade de São Paulo, estão guardadas duas preciosas relíquias do santo: um pedaço do fêmur e um manto que José de Anchieta teria usado. O edifício histórico abriga ainda uma igreja, no local onde foi realizada a primeira missa da cidade, e o Museu Anchieta.

Em Itanhaém, cidade no litoral sul de São Paulo, onde Anchieta passou alguns anos de sua vida, há um local chamado "cama de Anchieta". Trata-se de uma formação rochosa entre o costão da Praia do Sonho e o mar, em formato de cama, onde, de acordo com a tradição, José de Anchieta sentava-se para buscar inspiração para seus poemas, sermões e escritos.

Para quem quiser reviver um pouco da história de José de Anchieta e do Brasil, há um roteiro chamado "Os Passos de Anchieta" que reconstitui a trilha habitualmente percorrida por ele nos seus deslocamentos da Vila de Reritiba, atual cidade de Anchieta, à Vila de Nossa Senhora da Vitória, onde cuidava do Colégio de São Tiago. Ao todo, o trecho dista aproximadamente 100 quilômetros, passando por sítios históricos e belas paisagens naturais.

Oração

São José de Anchieta,
missionário incansável e apóstolo do Brasil,
abençoai a nossa Pátria e a cada um de nós.
Inflamado pelo zelo da glória de Deus,
consumistes a vida na promoção dos indígenas,
catequizando, instruindo, fazendo o bem.
Que o legado de vosso exemplo frutifique
novos apóstolos e missionários em nossa terra.
Professor e mestre,
abençoai nossos jovens, crianças e educadores.
Consolador dos doentes e aflitos,
protetor dos pobres e abandonados,
velai por todos aqueles que mais necessitam
e sofrem em nossa sociedade,
nem sempre justa, fraterna e cristã.
Santificai as famílias e comunidades,
orientando os que regem os destinos do Brasil e do mundo.
Através de Maria Santíssima,
que tanto venerastes na terra,
iluminai os nossos caminhos,
hoje e sempre.
Amém.

Dados Internacionais de Catalogação na Publicação (CIP)
(Câmara Brasileira do Livro, SP, Brasil)

Schweitzer, Andréia
　　São José de Anchieta : apóstolo do Brasil / Andréia Schweitzer, Marina Mendonça. – 1. ed. – São Paulo : Paulinas, 2014. – (Coleção fé e anúncio)

　　ISBN 978-85-356-3768-7

　　1. Anchieta, José de, 1534-1597 2. Apóstolos I. Mendonça, Marina. II. Título. III. Série.

14-04067 　　　　　　　　　　　　　　　　　　　　　　CDD-202.092

Índice para catálogo sistemático:
1. Santos : Igreja Católica : Biografia e obra　　282.092

1ª edição – 2014

Direção-geral: *Bernadete Boff*
Editora responsável: *Andréia Schweitzer*
Coordenação de revisão: *Marina Mendonça*
Revisão: *Simone Rezende e Marina Siqueira*
Gerente de produção: *Felício Calegaro Neto*
Diagramação: *Jéssica Diniz Souza*

Nenhuma parte desta obra poderá ser reproduzida ou transmitida por qualquer forma e/ou quaisquer meios (eletrônico ou mecânico, incluindo fotocópia e gravação) ou arquivada em qualquer sistema ou banco de dados sem permissão escrita da Editora. Direitos reservados.

Paulinas
Rua Dona Inácia Uchoa, 62
04110-020 – São Paulo – SP (Brasil)
Tel.: (11) 2125-3500
http://www.paulinas.org.br – editora@paulinas.com.br
Telemarketing e SAC: 0800-7010081
© Pia Sociedade Filhas de São Paulo – São Paulo, 2014

Crédito das imagens

p. 3 – Retrato de José de Anchieta. Roma.

p. 5 – Capa do livro escrito por José de Anchieta, *Arte de gramática da língua mais usada na costa do Brasil*, em edição de 1595.

pp. 8-9 – *Poema a Virgem Maria*, tela de Benedito Calixto, que retrata José de Anchieta escrevendo seu poema na areia. Acervo do Colégio São Luís.

p. 11 – Azulejo do artista Claudio Pastro, no Pateo do Collegio.

p. 13 – *Evangelho nas selvas*, tela de Benedito Calixto, 1893. Acervo da Pinacoteca do Estado de São Paulo.

pp. 15 e 17 – 2014 © Servizio Fotografico de *L'Osservatore Romano*.

pp. 18 – Relíquias em exposição no oratório dedicado a São José de Anchieta, no Pateo do Collegio, São Paulo.

p. 19 – Cama de Anchieta, na cidade de Itanhaém, litoral sul de São Paulo.

p. 20 – Monumento a José de Anchieta, localizado na Praça da Sé, de Heitor Uzai, por ocasião do quarto centenário (1954) de fundação da cidade de São Paulo.

pp. 22-23 – Vista externa do Pateo do Collegio, São Paulo.

Impresso na gráfica da
Pia Sociedade Filhas de São Paulo
Via Raposo Tavares, km 19,145
05577-300 - São Paulo, SP - Brasil - 2014